SAGRADO CORAÇÃO
DE JESUS

Ir. Aparecida Matilde Alves, fsp

SAGRADO CORAÇÃO DE JESUS

SALVAÇÃO DOS QUE ESPERAM EM VÓS

HISTÓRIA E NOVENA

Paulinas

Direção-geral:	*Flávia Reginatto*
Editora responsável:	*Andréia Schweitzer*
Copidesque:	*Mônica Elaine G. S. da Costa*
Coordenação de revisão:	*Marina Mendonça*
Revisão:	*Sandra Sinzato*
Gerente de produção:	*Felício Calegaro Neto*
Projeto gráfico:	*Jéssica Diniz Souza*
Capa e diagramação:	*Tiago Filu*

1ª edição – 2019
1ª reimpressão – 2025

Nenhuma parte desta obra poderá ser reproduzida ou transmitida por qualquer forma e/ou quaisquer meios (eletrônico ou mecânico, incluindo fotocópia e gravação) ou arquivada em qualquer sistema ou banco de dados sem permissão escrita da Editora. Direitos reservados.

Cadastre-se e receba nossas informações
paulinas.com.br
Telemarketing e SAC: 0800-7010081

Paulinas
Rua Dona Inácia Uchoa, 62
04110-020 – São Paulo – SP (Brasil)
📞 (11) 2125-3500
✉ editora@paulinas.com.br
© Pia Sociedade Filhas de São Paulo – São Paulo, 2019

Introdução

"Eis o Coração que tanto amou os homens; que a nada se poupou até se esgotar e se consumir, para lhes testemunhar o seu amor. E em reconhecimento, não recebo da maior parte deles senão ingratidões e desprezos, irreverências, sacrilégios e friezas que têm para comigo neste Sacramento de amor. Mas o que é ainda mais doloroso é que os que assim me tratam são corações a mim consagrados. Por isso te peço que a primeira sexta-feira depois da oitava do Santíssimo Sacramento seja dedicada a uma festa particular para honrar o meu Coração, reparando a sua honra por meio de um ato público de desagravo e comungando nesse dia para reparar as injúrias que recebeu durante o tempo que esteve exposto nos altares. E eu te prometo que o meu Coração dilatar-se-á para derramar com abundância o influxo do seu divino amor sobre aqueles que lhe renderem esta homenagem" (Desabafo e revelação de Jesus a Santa Margarida Maria Alacoque, em 1675).

O nome de Santa Margarida Maria Alacoque, nascida em 22 de agosto de 1647, na França, está intimamente ligado à devoção ao Sagrado Coração de Jesus.

Margarida sofria com uma doença desconhecida, que médicos e remédios não conseguiam curar. Ela então fez uma promessa a Nossa Senhora de que, se fosse curada, dedicaria sua vida ao serviço de Deus. Sendo assim, logo depois de curar-se, grata à intervenção divina, aos 24 anos entrou para a Ordem da Visitação, fundada por São Francisco de Sales, sessenta anos antes.

Um ano depois, na festividade de São João Evangelista, Margarida estava rezando diante de Jesus Eucarístico, quando o Senhor se manifestou a ela de forma visível. Essa cena se repetiu durante dois anos, sempre na primeira sexta-feira do mês.

Ao falar dessas visões, sofreu muito com incompreensões e julgamentos precipitados, até que Pe. Cláudio de La Colombière – jesuíta respeitado no tratamento de experiências místicas – foi indicado para fazer seu acompanhamento espiritual. E ele conseguiu adentrar nesse mistério e esclarecer as palavras de Margarida Maria.

Em 1675, Jesus lhe apareceu com o peito aberto e, mostrando o coração, disse: "Eis o Coração que tanto ama os homens, a ponto de nada poupar, até exaurir-se e consumir-se para demonstrar-lhes seu amor. E, em reconhecimento, não recebo senão ingratidão da maior parte deles".

Santa Margarida Maria fez da Pessoa divina de nosso Senhor Jesus Cristo o centro de todas as suas cogitações e de seus caminhos. Tornou-se, assim, a confidente do Sagrado Coração. Embora tenha morrido com apenas 43 anos, viu com alegria como, aos poucos, foi se consolidando a devoção ao Coração de Jesus na Igreja.

Sua festa foi instituída para toda a Igreja em 1856, pelo Papa Pio IX. No início do século XX, Leão XIII consagrou o mundo ao Sagrado Coração de Jesus e, em 1928, o Papa Pio XI concedeu à devoção a categoria litúrgica de Solenidade. Pio XII recomendou sempre esta devoção como a que nos leva ao encontro do coração eucarístico de Jesus.

Juntamente com Santa Teresinha do Menino Jesus, São Francisco Xavier e São Cláudio de La Colombière, Santa Margarida Maria Alacoque é padroeira da "Rede Mundial de Oração do Papa", o Apostolado da Oração.

12 promessas do Sagrado Coração de Jesus

1. Eu darei aos devotos de meu Coração todas as graças necessárias a seu estado.
2. Estabelecerei e conservarei a paz em suas famílias.
3. Eu os consolarei em todas as suas aflições.
4. Serei refúgio seguro para eles, na vida e principalmente na hora da morte.
5. Lançarei bênçãos abundantes sobre seus trabalhos e empreendimentos.
6. Os pecadores encontrarão, em meu Coração, fonte inesgotável de misericórdia.
7. As almas tíbias tornar-se-ão fervorosas pela prática dessa devoção.
8. As almas fervorosas elevar-se-ão, em pouco tempo, a uma alta perfeição.

9. A minha bênção permanecerá sobre a casa em que se achar exposta e venerada a imagem de meu Sagrado Coração.
10. Darei, aos sacerdotes que praticarem especialmente esta devoção, o poder de tocar os corações mais endurecidos.
11. As pessoas que propagarem esta devoção terão seu nome inscrito para sempre no meu Coração.
12. A todos os que comungarem, nas primeiras sextas-feiras de nove meses consecutivos, darei a graça da perseverança final e da salvação eterna.

O que mais importa para nós, cristãos, é a simbologia e o real *significado do Coração de Jesus*. Mais do que o órgão vital, a devoção deve ser encarada como uma extensão da vontade e do propósito humano. É através dele que se expressa a santidade humana, sua vontade, alma e pensamentos. O coração é o símbolo que melhor demonstra a união de todos os sentimentos de uma pessoa. É nele que guardamos nossos anseios mais sinceros, e é através dele que expressamos nossos sentimentos.

É por isso que adoramos o *Sagrado Coração de Jesus*; é por ele que celebramos e é nele que colocamos todo nosso foco: no amor de Cristo. O coração é um dos modos para falar do infinito *amor de Deus*, do amor que chega a seu ponto alto com a vinda de Jesus.

Novena

PRIMEIRO DIA

Oração inicial

Em nome do Pai, do Filho e do Espírito Santo. Amém.

Ó Jesus, nosso Mestre, reconhecendo-me pecador, prostro-me diante de vós e adoro vosso Coração, que tanto amou a humanidade e nada recusou fazer em favor dela.

Creio no vosso infinito amor por nós. Agradeço os dons imensos que, por amor, nos concedestes, especialmente o Evangelho e a Eucaristia, a Igreja e o Sacerdócio, a Vida Religiosa, Maria como nossa Mãe e a doação da vossa própria vida.

Sagrado Coração do Mestre divino, em vós deposito toda minha confiança e esperança. Vós que fizestes o cego ver, o paralítico andar, o morto voltar a viver, o leproso ser curado; vós que vedes minhas aflições e angústias, bem sabeis como preciso alcançar esta graça *(pede-se a graça com fé).*

Fazei, Sagrado Coração de Jesus, que, se for para a glória de vosso e nosso Pai e para o bem de minha alma, pelos vossos méritos eu alcance esta tão grande graça.

Iluminai meus passos, Coração amado de nosso Mestre, e concedei-me, acima de tudo, ser fiel à vontade do Pai Eterno.

Sagrado Coração de Jesus, tenho confiança em vós. Doce Coração de Jesus, fazei que eu vos ame cada vez mais!

Palavra de Deus

"Cristo amou a Igreja e se entregou por ela. Para que a Igreja fosse santa, ele a purificou no banho da água com a palavra, para apresentar diante de si mesmo uma Igreja gloriosa, sem mancha, sem ruga, nem qualquer coisa do tipo, mas santa e sem defeito..." (Ef 5,25-27).

Oração ao Sagrado Coração de Jesus

Ó Jesus, divino Mestre, dando graças, bendigo a generosidade do vosso Coração, pelo grande dom do Evangelho. Vós dissestes: "Fui mandado para evangelizar os pobres". Vossas palavras dão a vida eterna.

No Evangelho revelastes mistérios divinos, ensinastes com veracidade o caminho de Deus, oferecestes os meios de salvação. Concedei-me a graça de guardar com veneração o vosso Evangelho, de lê-lo e ouvi-lo segundo o espirito da Igreja e difundi-lo com o amor com que o pregastes.

Que seja conhecido, venerado e amado por todos. Que por ele o mundo oriente a vida e as leis, os costumes e as doutrinas.

Que o fogo por vós trazido à terra incendeie, ilumine e anime a todos.

Sagrado Coração de Jesus, eu tenho confiança em vós. Doce Coração de Jesus, fazei que eu vos ame cada vez mais!

Oração conclusiva

Ó Cristo, autor deste mundo, que redimis terra e céus, da luz do Pai sois a luz, Deus verdadeiro de Deus. O amor vos fez assumir nosso corpo mortal, e, novo Adão, reparastes do velho a culpa fatal. O vosso amor, que criou a terra, o mar e o céu, do antigo mal condoído, nossas cadeias rompeu. Ninguém se afaste do amor do vosso bom Coração. Buscai nações, nesta fonte, as graças da remissão. Aberto foi pela lança e, na paixão transpassado, deixou jorrar água e sangue, lavando nosso pecado. Glória a Jesus, que derrama graça do seu Coração, um com o Pai e o Espírito, nos tempos sem sucessão (*Liturgia das Horas*, solenidade do Sagrado Coração de Jesus).

SEGUNDO DIA

Oração inicial

Em nome do Pai, do Filho e do Espírito Santo. Amém.

Ó Jesus, nosso Mestre, reconhecendo-me pecador, prostro-me diante de vós e adoro vosso Coração, que tanto amou a humanidade e nada recusou fazer em favor dela.

Creio no vosso infinito amor por nós. Agradeço os dons imensos que, por amor, nos concedestes, especialmente o Evangelho e a Eucaristia, a Igreja e o Sacerdócio, a Vida Religiosa, Maria como nossa Mãe e a doação da vossa própria vida.

Sagrado Coração do Mestre divino, em vós deposito toda minha confiança e esperança. Vós que fizestes o cego ver, o paralítico andar, o morto voltar a viver, o leproso ser curado; vós que vedes minhas aflições e angústias, bem sabeis como preciso alcançar esta graça *(pede-se a graça com fé)*.

Fazei, Sagrado Coração de Jesus, que, se for para a glória de vosso e nosso Pai e para o bem de minha alma, pelos vossos méritos eu alcance esta tão grande graça.

Iluminai meus passos, Coração amado de nosso Mestre, e concedei-me, acima de tudo, ser fiel à vontade do Pai Eterno.

Sagrado Coração de Jesus, tenho confiança em vós. Doce Coração de Jesus, fazei que eu vos ame cada vez mais!

Palavra de Deus

"Deus, que é rico em misericórdia, por causa do grande amor com que nos amou, ainda quando estávamos mortos em razão das transgressões, nos fez reviver juntamente com Cristo. É pela graça que fostes salvos! Ele nos ressuscitou com Cristo e nos fez sentar com ele nos lugares celestiais, para mostrar nos tempos futuros a abundante riqueza de sua graça, pela bondade que ele tem para conosco em Cristo Jesus. Com efeito, é pela graça que sois salvos, por intermédio da fé. E isso não vem de nós, mas é dom de Deus; nem vem das obras, de modo que ninguém pode se orgulhar, pois somos obra dele, criados em Cristo Jesus para as boas obras, que Deus preparou de antemão a fim de que nós as praticássemos" (Ef 2,4-10).

Oração ao Sagrado Coração de Jesus

Ó Jesus, divino Mestre, dou graças e bendigo ao vosso amorosíssimo Coração, pelo grande dom da Eucaristia. Vosso amor vos leva a habitar no sacrário de nossas igrejas, a renovar vossa Paixão na santa missa, a dar-vos como alimento de nossas almas na comunhão.

Que eu vos conheça, ó Deus escondido. Que eu beba das águas saudáveis na fonte de vosso Sagrado Coração. Concedei-me a graça de visitar-vos sempre no divino sacramento, onde estais presente, de compreender e participar ativamente da missa dominical, de comungar frequentemente, estando preparado pela vossa graça.

Sagrado Coração de Jesus, eu tenho confiança em vós. Doce Coração de Jesus, fazei que eu vos ame cada vez mais!

Oração conclusiva

Ó Cristo, autor deste mundo, que redimis terra e céus, da luz do Pai sois a luz, Deus verdadeiro de Deus. O amor vos fez assumir nosso corpo mortal, e, novo Adão, reparastes do velho a culpa fatal. O vosso amor, que criou a terra, o mar e o céu, do antigo mal condoído, nossas cadeias rompeu. Ninguém se afaste do amor do vosso bom Coração. Buscai nações, nesta fonte, as graças da remissão. Aberto foi pela lança e, na paixão transpassado, deixou jorrar água e sangue, lavando nosso pecado. Glória a Jesus, que derrama graça do seu Coração, um com o Pai e o Espírito, nos tempos sem sucessão (*Liturgia das Horas*, solenidade do Sagrado Coração de Jesus).

TERCEIRO DIA

Oração inicial

Em nome do Pai, do Filho e do Espírito Santo. Amém.

Ó Jesus, nosso Mestre, reconhecendo-me pecador, prostro-me diante de vós e adoro vosso Coração, que tanto amou a humanidade e nada recusou fazer em favor dela.

Creio no vosso infinito amor por nós. Agradeço os dons imensos que, por amor, nos concedestes, especialmente o Evangelho e a Eucaristia, a Igreja e o Sacerdócio, a Vida Religiosa, Maria como nossa Mãe e a doação da vossa própria vida.

Sagrado Coração do Mestre divino, em vós deposito toda minha confiança e esperança. Vós que fizestes o cego ver, o paralítico andar, o morto voltar a viver, o leproso ser curado; vós que vedes minhas aflições e angústias, bem sabeis como preciso alcançar esta graça *(pede-se a graça com fé)*.

Fazei, Sagrado Coração de Jesus, que, se for para a glória de vosso e nosso Pai e para o bem de minha alma, pelos vossos méritos eu alcance esta tão grande graça.

Iluminai meus passos, Coração amado de nosso Mestre, e concedei-me, acima de tudo, ser fiel à vontade do Pai Eterno.

Sagrado Coração de Jesus, tenho confiança em vós. Doce Coração de Jesus, fazei que eu vos ame cada vez mais!

Palavra de Deus

"Vinde a mim todos os que estais cansados e sobrecarregados, e vos darei descanso. Tomai meu jugo e aprendei de mim, que sou manso e humilde de coração; e encontrareis repouso para vossas vidas, pois meu jugo é suave e minha carga, leve" (Mt 11,28-30).

Oração ao Sagrado Coração de Jesus

Ó Jesus, divino Mestre, bendigo e dou graças ao vosso dulcíssimo Coração pelo grande dom da Igreja. Ela é a mãe que nos instrui na verdade, nos guia no caminho do céu e nos comunica a vida sobrenatural.

Sendo vosso Corpo Místico, ela continua na terra a vossa missão salvadora. Ela é a arca de salvação. É infalível, indefectível e católica.

Concedei-me a graça de amá-la como vós a amastes, santificando-a no vosso sangue. Que o mundo a conheça. Que todas as ovelhas entrem no vosso rebanho, e todos cooperem humildemente para vosso Reino.

Sagrado Coração de Jesus, eu tenho confiança em vós. Doce Coração de Jesus, fazei que eu vos ame cada vez mais!

Oração conclusiva

Ó Cristo, autor deste mundo, que redimis terra e céus, da luz do Pai sois a luz, Deus verdadeiro de Deus. O amor vos fez assumir nosso corpo mortal, e, novo Adão, reparastes do velho a culpa fatal. O vosso amor, que criou a terra, o mar e o céu, do antigo mal condoído, nossas cadeias rompeu. Ninguém se afaste do amor do vosso bom Coração. Buscai nações, nesta fonte, as graças da remissão. Aberto foi pela lança e, na paixão transpassado, deixou jorrar água e sangue, lavando nosso pecado.

Glória a Jesus, que derrama graça do seu Coração, um com o Pai e o Espírito, nos tempos sem sucessão (*Liturgia das Horas*, solenidade do Sagrado Coração de Jesus).

QUARTO DIA

Oração inicial

Em nome do Pai, do Filho e do Espírito Santo. Amém.

Ó Jesus, nosso Mestre, reconhecendo-me pecador, prostro-me diante de vós e adoro vosso Coração, que tanto amou a humanidade e nada recusou fazer em favor dela.

Creio no vosso infinito amor por nós. Agradeço os dons imensos que, por amor, nos concedestes, especialmente o Evangelho e a Eucaristia, a Igreja e o Sacerdócio, a Vida Religiosa, Maria como nossa Mãe e a doação da vossa própria vida.

Sagrado Coração do Mestre divino, em vós deposito toda minha confiança e esperança. Vós que fizestes o cego ver, o paralítico andar, o morto voltar a viver, o leproso ser curado; vós que vedes minhas aflições e angústias, bem sabeis como preciso alcançar esta graça *(pede-se a graça com fé)*.

Fazei, Sagrado Coração de Jesus, que, se for para a glória de vosso e nosso Pai e para o bem de minha alma, pelos vossos méritos eu alcance esta tão grande graça.

Iluminai meus passos, Coração amado de nosso Mestre, e concedei-me, acima de tudo, ser fiel à vontade do Pai Eterno.

Sagrado Coração de Jesus, tenho confiança em vós. Doce Coração de Jesus, fazei que eu vos ame cada vez mais!

Palavra de Deus

"Ao desembarcar, Jesus viu uma grande multidão, foi tomado de compaixão por eles e curou seus enfermos. Ao entardecer, os discípulos aproximaram-se para dizer-lhe: 'O lugar é deserto e já é tarde; despede as multidões, para irem aos povoados e comprarem alimento para si'. Jesus, porém, lhes disse: 'Eles não precisam ir; dai-lhes vós de comer'. Eles lhe objetaram: 'Só temos aqui cinco pães e dois peixes'. Ele disse: 'Trazei-os a mim'. Então, tendo mandado que as multidões se acomodassem na relva, tomou os cinco pães e os dois peixes e, elevando o olhar ao céu, pronunciou a bênção; depois, tendo partido os pães, deu-os aos discípulos e os discípulos às multidões. Todos comeram e ficaram saciados, e ainda recolheram os pedaços que sobraram: doze cestos cheios" (Mt 14,14-20).

Oração ao Sagrado Coração de Jesus

Ó Jesus, divino Mestre, dou graças e bendigo ao vosso amantíssimo Coração pela instituição do Sacerdócio. Os sacerdotes são enviados por vós, como vós fostes enviado pelo Pai.

A eles confiastes os tesouros da vossa doutrina, da vossa lei e da vossa graça, e até mesmo as almas. Concedei-me a graça de amá-los e escutá-los, deixando-me guiar por eles nos vossos caminhos. Enviai, ó Jesus, bons operários para vossa messe.

Que os sacerdotes sejam sal que purifica e preserva. Sejam a luz do mundo, a cidade posta no alto do monte. Sejam todos formados segundo vosso Coração.

E um dia tenham no céu, ao redor de si, qual coroa de felicidade, numeroso coro de almas conquistadas.

Sagrado Coração de Jesus, eu tenho confiança em vós. Doce Coração de Jesus, fazei que eu vos ame cada vez mais!

Oração conclusiva

Ó Cristo, autor deste mundo, que redimis terra e céus, da luz do Pai sois a luz, Deus verdadeiro de Deus. O amor vos fez assumir nosso corpo mortal, e, novo Adão, reparastes do velho a culpa fatal. O vosso amor, que criou a terra, o mar e o céu, do antigo mal condoído, nossas cadeias rompeu. Ninguém se afaste do amor do vosso bom Coração. Buscai nações, nesta fonte, as graças da remissão. Aberto foi pela lança e, na paixão transpassado, deixou jorrar água e sangue, lavando nosso pecado. Glória a Jesus, que derrama graça do seu Coração, um com o Pai e o Espírito, nos tempos sem sucessão (*Liturgia das Horas*, solenidade do Sagrado Coração de Jesus).

QUINTO DIA

Oração inicial

Em nome do Pai, do Filho e do Espírito Santo. Amém.

Ó Jesus, nosso Mestre, reconhecendo-me pecador, prostro-me diante de vós e adoro vosso Coração, que tanto amou a humanidade e nada recusou fazer em favor dela.

Creio no vosso infinito amor por nós. Agradeço os dons imensos que, por amor, nos concedestes, especialmente o Evangelho e a Eucaristia, a Igreja e o Sacerdócio, a Vida Religiosa, Maria como nossa Mãe e a doação da vossa própria vida.

Sagrado Coração do Mestre divino, em vós deposito toda minha confiança e esperança. Vós que fizestes o cego ver, o paralítico andar, o morto voltar a viver, o leproso ser curado; vós que vedes minhas aflições e angústias, bem sabeis como preciso alcançar esta graça *(pede-se a graça com fé).*

Fazei, Sagrado Coração de Jesus, que, se for para a glória de vosso e nosso Pai e para o bem de minha alma, pelos vossos méritos eu alcance esta tão grande graça.

Iluminai meus passos, Coração amado de nosso Mestre, e concedei-me, acima de tudo, ser fiel à vontade do Pai Eterno.

Sagrado Coração de Jesus, tenho confiança em vós. Doce Coração de Jesus, fazei que eu vos ame cada vez mais!

Palavra de Deus

"[...] um deles – que era especialista da Lei –, para pô-lo à prova, lhe perguntou: 'Mestre, qual é o maior mandamento da Lei?' Ele lhe respondeu: *'Amarás o Senhor, teu Deus, de todo o teu coração, com toda a tua alma e com toda a tua mente'*. Esse é o maior e o primeiro mandamento. Mas um segundo, equivalente a esse, é: *'Amarás teu próximo como a ti mesmo'*. Nesses dois mandamentos se apoia toda a Lei, assim como os profetas" (Mt 22,35-40).

Oração ao Sagrado Coração de Jesus

Ó Jesus, divino Mestre, dou graças e bendigo ao vosso santíssimo Coração pela instituição da

Vida Religiosa. Como no céu, também na terra são muitas as mansões.

Escolhestes os filhos de vossa predileção e os chamastes à perfeição evangélica, fazendo de vós mesmo apoio, modelo e prêmio para todos.

Multiplicai, ó divino Coração, as vocações religiosas. Sustentai-as na vivência fiel dos conselhos evangélicos. Sejam elas os canteiros mais perfumados da Igreja. Sejam as almas que vos consolam, que rezam e zelam pela vossa honra em cada apostolado.

Sagrado Coração de Jesus, eu tenho confiança em vós. Doce Coração de Jesus, fazei que eu vos ame cada vez mais!

Oração conclusiva

Ó Cristo, autor deste mundo, que redimis terra e céus, da luz do Pai sois a luz, Deus verdadeiro de Deus. O amor vos fez assumir nosso corpo mortal, e, novo Adão, reparastes do velho a culpa fatal. O vosso amor, que criou a terra, o mar e o céu, do antigo mal condoído, nossas cadeias rompeu. Ninguém se afaste do amor do vosso bom Coração. Buscai nações, nesta fonte, as graças da remissão. Aberto foi pela lança e, na paixão transpassado, deixou jorrar água e sangue, lavando nosso pecado. Glória a Jesus, que derrama graça do seu Coração, um com o Pai e o Espírito, nos tempos sem sucessão (*Liturgia das Horas*, solenidade do Sagrado Coração de Jesus).

SEXTO DIA

Oração inicial

Em nome do Pai, do Filho e do Espírito Santo. Amém.

Ó Jesus, nosso Mestre, reconhecendo-me pecador, prostro-me diante de vós e adoro vosso Coração, que tanto amou a humanidade e nada recusou fazer em favor dela.

Creio no vosso infinito amor por nós. Agradeço os dons imensos que, por amor, nos concedestes, especialmente o Evangelho e a Eucaristia, a Igreja e o Sacerdócio, a Vida Religiosa, Maria como nossa Mãe e a doação da vossa própria vida.

Sagrado Coração do Mestre divino, em vós deposito toda minha confiança e esperança. Vós que fizestes o cego ver, o paralítico andar, o morto voltar a viver, o leproso ser curado; vós que vedes minhas aflições e angústias, bem sabeis como preciso alcançar esta graça *(pede-se a graça com fé)*.

Fazei, Sagrado Coração de Jesus, que, se for para a glória de vosso e nosso Pai e para o bem de minha alma, pelos vossos méritos eu alcance esta tão grande graça.

Iluminai meus passos, Coração amado de nosso Mestre, e concedei-me, acima de tudo, ser fiel à vontade do Pai Eterno.

Sagrado Coração de Jesus, tenho confiança em vós. Doce Coração de Jesus, fazei que eu vos ame cada vez mais!

Palavra de Deus

"Assim, pois, Deus amou o mundo: a ponto de dar o Unigênito a fim de que todo o que nele crer não pereça, mas tenha a vida eterna. Pois Deus não enviou o Filho ao mundo para julgar o mundo, mas para que o mundo seja salvo por ele. Quem nele crê não é julgado. Quem não crê já está julgado, porque não crê no nome do Unigênito Filho de Deus" (Jo 3,16-18).

Oração ao Sagrado Coração de Jesus

Ó Jesus, divino Mestre, dou graças e bendigo ao vosso piedosíssimo Coração porque nos destes Maria Santíssima como Mãe, Mestra e Rainha. Do alto da cruz, nos colocastes todos em suas mãos.

Destes a ela um Coração grande, semelhante ao vosso, muita sabedoria e grande poder. Que a humanidade toda a conheça, ame e invoque. Todos se deixem por ela conduzir para vós, ó Salvador de todos os seres humanos.

Seguindo vosso exemplo, coloco-me nas mãos de Maria. Com esta mãe, quero estar agora e sempre, na hora de minha morte e na eternidade.

Sagrado Coração de Jesus, eu tenho confiança em vós. Doce Coração de Jesus, fazei que eu vos ame cada vez mais!

Oração conclusiva

Ó Cristo, autor deste mundo, que redimis terra e céus, da luz do Pai sois a luz, Deus verdadeiro de Deus. O amor vos fez assumir nosso corpo mortal, e, novo Adão, reparastes do velho a culpa fatal. O vosso amor, que criou a terra, o mar e o céu, do antigo mal condoído, nossas cadeias rompeu. Ninguém se afaste do amor do vosso bom Coração. Buscai nações, nesta fonte, as graças da remissão. Aberto foi pela lança e, na paixão transpassado, deixou jorrar água e sangue, lavando nosso pecado. Glória a Jesus, que derrama graça do seu Coração, um com o Pai e o Espírito, nos tempos sem sucessão (*Liturgia das Horas*, solenidade do Sagrado Coração de Jesus).

SÉTIMO DIA

Oração inicial

Em nome do Pai, do Filho e do Espírito Santo. Amém.

Ó Jesus, nosso Mestre, reconhecendo-me pecador, prostro-me diante de vós e adoro vosso Coração, que tanto amou a humanidade e nada recusou fazer em favor dela.

Creio no vosso infinito amor por nós. Agradeço os dons imensos que, por amor, nos concedestes, especialmente o Evangelho e a Eucaristia, a Igreja e o Sacerdócio, a Vida Religiosa, Maria como nossa Mãe e a doação da vossa própria vida.

Sagrado Coração do Mestre divino, em vós deposito toda minha confiança e esperança. Vós que fizestes o cego ver, o paralítico andar, o morto voltar a viver, o leproso ser curado; vós que vedes minhas aflições e angústias, bem sabeis como preciso alcançar esta graça *(pede-se a graça com fé)*.

Fazei, Sagrado Coração de Jesus, que, se for para a glória de vosso e nosso Pai e para o bem de minha alma, pelos vossos méritos eu alcance esta tão grande graça.

Iluminai meus passos, Coração amado de nosso Mestre, e concedei-me, acima de tudo, ser fiel à vontade do Pai Eterno.

Sagrado Coração de Jesus, tenho confiança em vós. Doce Coração de Jesus, fazei que eu vos ame cada vez mais!

Palavra de Deus

"Aquele que vem do alto está acima de todos. Aquele que é da terra, sendo da terra, fala a partir da terra. Aquele que vem do céu está acima de todos. Aquilo que viu e ouviu, isso testemunha, mas ninguém recebe seu testemunho. Aquele que recebe seu testemunho confirma que Deus é verdadeiro. De fato, aquele que Deus enviou fala as coisas de Deus, pois ele dá o Espírito sem medida. O Pai ama o Filho e tudo colocou em sua mão. Quem crê no Filho tem a vida eterna; quem, porém, é rebelde ao Filho não verá a vida, e a ira de Deus permanece sobre ele" (Jo 3,31-36).

Oração ao Sagrado Coração de Jesus

Ó Jesus, divino Mestre, dou graças e bendigo ao vosso mansíssimo Coração, que vos levou a dar a vida por mim. Vosso sangue e vossas chagas, os flagelos e os espinhos, a cruz e vossa cabeça inclinada dizem ao meu coração: "Ninguém tem amor maior do que aquele que dá a vida pelo amigo".

O Pastor morreu para dar a vida por suas ovelhas. Também eu quero dar a minha vida por vós. Que sempre e em tudo possais dispor de mim para a vossa maior glória. E que possa repetir sempre: "Seja feita a vossa vontade".

Inflamai meu coração de santo amor por vós e pelas almas.

Sagrado Coração de Jesus, eu tenho confiança em vós. Doce Coração de Jesus, fazei que eu vos ame cada vez mais!

Oração conclusiva

Ó Cristo, autor deste mundo, que redimis terra e céus, da luz do Pai sois a luz, Deus verdadeiro de Deus. O amor vos fez assumir nosso corpo mortal, e, novo Adão, reparastes do velho a culpa fatal. O vosso amor, que criou a terra, o mar e o céu, do antigo mal condoído, nossas cadeias rompeu. Ninguém se afaste do amor do vosso bom Coração. Buscai nações, nesta fonte, as graças da remissão. Aberto foi pela lança e, na paixão transpassado, deixou jorrar água e sangue, lavando nosso pecado. Glória a Jesus, que derrama graça do seu Coração, um com o Pai e o Espírito, nos tempos sem sucessão (*Liturgia das Horas*, solenidade do Sagrado Coração de Jesus).

OITAVO DIA

Oração inicial

Em nome do Pai, do Filho e do Espírito Santo. Amém.

Ó Jesus, nosso Mestre, reconhecendo-me pecador, prostro-me diante de vós e adoro vosso Coração, que tanto amou a humanidade e nada recusou fazer em favor dela.

Creio no vosso infinito amor por nós. Agradeço os dons imensos que, por amor, nos concedestes, especialmente o Evangelho e a Eucaristia, a Igreja e o Sacerdócio, a Vida Religiosa, Maria como nossa Mãe e a doação da vossa própria vida.

Sagrado Coração do Mestre divino, em vós deposito toda minha confiança e esperança. Vós que fizestes o cego ver, o paralítico andar, o morto voltar a viver, o leproso ser curado; vós que vedes minhas aflições e angústias, bem sabeis como preciso alcançar esta graça *(pede-se a graça com fé)*.

Fazei, Sagrado Coração de Jesus, que, se for para a glória de vosso e nosso Pai e para o bem de minha alma, pelos vossos méritos eu alcance esta tão grande graça.

Iluminai meus passos, Coração amado de nosso Mestre, e concedei-me, acima de tudo, ser fiel à vontade do Pai Eterno.

Sagrado Coração de Jesus, tenho confiança em vós. Doce Coração de Jesus, fazei que eu vos ame cada vez mais!

Palavra de Deus

"Sabendo Jesus que tudo já estava consumado, para que se cumprisse a Escritura, disse: 'Tenho sede'. Havia ali um jarro com vinagre. Então levaram até a boca de Jesus uma esponja embebida de vinagre colocada em um ramo de hissopo. Quando tomou o vinagre, Jesus disse: 'Está consumado'. E tendo inclinado a cabeça, entregou o espírito. [...] Os soldados vieram e quebraram as pernas do primeiro e do outro, daqueles que tinham sido crucificados com ele. Chegando a Jesus, como vissem que já estava morto, não lhe quebraram as pernas, mas um dos soldados feriu-lhe o lado com uma lança, e logo saiu sangue e água" (Jo 19,28-34).

Oração ao Sagrado Coração de Jesus

Ó Jesus, divino Mestre, dou graças e bendigo ao vosso Sagrado Coração, que se deixou rasgar pela lança, de onde jorrou sangue e água, prova de sua vida entregue totalmente pelos pecadores que somos nós.

Entrego-me e consagro ao vosso Coração minha vida, minhas ações, dores e sofrimentos, para que eu utilize meu corpo somente para honrar, amar e glorificar o Pai que me criou.

Ó Coração misericordioso do Mestre divino, guardião da minha vida, garantia de minha salvação, o médico para minhas fraquezas e falhas, remédio para minhas angústias e sofrimentos. Que eu obtenha de vossa imensa bondade a graça que necessito e vos peço nesta novena.

Sagrado Coração de Jesus, eu tenho confiança em vós. Doce Coração de Jesus, fazei que eu vos ame cada vez mais!

Oração conclusiva

Ó Cristo, autor deste mundo, que redimis terra e céus, da luz do Pai sois a luz, Deus verdadeiro de Deus. O amor vos fez assumir nosso corpo mortal, e, novo Adão, reparastes do velho a culpa fatal. O vosso amor, que criou a terra, o mar e o céu, do antigo mal condoído, nossas cadeias rompeu. Ninguém se afaste do amor do vosso bom Coração. Buscai nações, nesta fonte, as graças da remissão. Aberto foi pela lança e, na paixão transpassado, deixou jorrar água e sangue, lavando nosso pecado. Glória a Jesus, que derrama graça do seu Coração, um com o Pai e o Espírito, nos tempos sem sucessão (*Liturgia das Horas*, solenidade do Sagrado Coração de Jesus).

NONO DIA

Oração inicial

Em nome do Pai, do Filho e do Espírito Santo. Amém.

Ó Jesus, nosso Mestre, reconhecendo-me pecador, prostro-me diante de vós e adoro vosso Coração, que tanto amou a humanidade e nada recusou fazer em favor dela.

Creio no vosso infinito amor por nós. Agradeço os dons imensos que, por amor, nos concedestes, especialmente o Evangelho e a Eucaristia, a Igreja e o Sacerdócio, a Vida Religiosa, Maria como nossa Mãe e a doação da vossa própria vida.

Sagrado Coração do Mestre divino, em vós deposito toda minha confiança e esperança. Vós que fizestes o cego ver, o paralítico andar, o morto voltar a viver, o leproso ser curado; vós que vedes minhas aflições e angústias, bem sabeis como preciso alcançar esta graça *(pede-se a graça com fé)*.

Fazei, Sagrado Coração de Jesus, que, se for para a glória de vosso e nosso Pai e para o bem de minha alma, pelos vossos méritos eu alcance esta tão grande graça.

Iluminai meus passos, Coração amado de nosso Mestre, e concedei-me, acima de tudo, ser fiel à vontade do Pai Eterno.

Sagrado Coração de Jesus, tenho confiança em vós. Doce Coração de Jesus, fazei que eu vos ame cada vez mais!

Palavra de Deus

"O amor é tolerante, é benévolo o amor. Não é invejoso, não se ostenta, não se incha de orgulho. Não se comporta de forma inconveniente, não busca seu próprio interesse, não se irrita, não leva em conta o mal. Não se alegra com a injustiça, mas se regozija com a verdade. Tudo suporta, tudo crê, tudo espera, tudo tolera. O amor jamais acabará. [...] Agora, permanecem fé, esperança, amor, estas três coisas; mas a maior delas é o amor" (1Cor 13,4-13).

Oração ao Sagrado Coração de Jesus

Ó Jesus, divino Mestre, dou graças e bendigo ao Sagrado Coração de Jesus por esta novena que hoje encerro; agradeço por todas as graças que me foram concedidas e consagro minha pessoa e minha vida, minhas ações, penas e sofrimentos, para não querer mais servir-me de nenhuma parte de meu ser senão para vos honrar, amar e glorificar. É esta a minha vontade irrevogável: ser toda vossa e tudo fazer por vosso amor, renunciando de todo o meu coração a tudo quanto vos possa desagradar.

Tomo-vos, pois, ó Sagrado Coração de Jesus, por único motivo de meu amor, protetor de minha vida, segurança de minha salvação, remédio de minha fragilidade e inconstância, reparador de todas as imperfeições de minha vida e meu asilo seguro na hora da morte.

Ó Coração de amor! Deposito em vós toda a minha confiança, pois temo minha malícia e minha fraqueza, mas tudo espero de vossa bondade e misericórdia! Extingui em mim tudo o que possa desagradar-vos ou se oponha à vossa vontade.

Sagrado Coração de Jesus, eu tenho confiança em vós. Doce Coração de Jesus, fazei que eu vos ame cada vez mais!

Oração conclusiva

Ó Cristo, autor deste mundo, que redimis terra e céus, da luz do Pai sois a luz, Deus verdadeiro de Deus. O amor vos fez assumir nosso corpo mortal, e, novo Adão, reparastes do velho a culpa fatal. O vosso amor, que criou a terra, o mar e o céu, do antigo mal condoído, nossas cadeias rompeu. Ninguém se afaste do amor do vosso bom Coração. Buscai nações, nesta fonte, as graças da remissão. Aberto foi pela lança e, na paixão transpassado, deixou jorrar água e sangue, lavando nosso pecado. Glória a Jesus, que derrama graça do seu Coração, um com o Pai e o Espírito, nos tempos sem sucessão (*Liturgia das Horas*, solenidade do Sagrado Coração de Jesus).

Ladainha do Sagrado Coração de Jesus

Senhor, tende piedade de nós!
Jesus Cristo, tende piedade de nós!
Senhor, tende piedade de nós!

Jesus Cristo, ouvi-nos!
Jesus Cristo, atendei-nos!

Pai Celeste, que sois Deus,
tende piedade de nós!

Filho, Redentor do mundo, que sois Deus,
tende piedade de nós!

Espírito Santo, que sois Deus,
tende piedade de nós!

Santíssima Trindade, que sois um só Deus,
tende piedade de nós!

Coração de Jesus, Filho do Pai eterno,
tende piedade de nós!

Coração de Jesus, formado pelo Espírito Santo
no seio da Virgem Mãe,
tende piedade de nós!

Coração de Jesus, unido substancialmente
ao Verbo de Deus, tende piedade de nós!

Coração de Jesus, majestade infinita,
tende piedade de nós!

Coração de Jesus, templo santo de Deus,
tende piedade de nós!

Coração de Jesus, tabernáculo do Altíssimo,
tende piedade de nós!

Coração de Jesus, casa de Deus e porta do Céu,
tende piedade de nós!

Coração de Jesus, fornalha ardente de caridade,
tende piedade de nós!

Coração de Jesus, receptáculo de justiça
e de amor, tende piedade de nós!

Coração de Jesus, cheio de bondade e de amor,
tende piedade de nós!

Coração de Jesus, abismo de todas as virtudes,
tende piedade de nós!

Coração de Jesus, digníssimo de todo o louvor,
tende piedade de nós!

Coração de Jesus, Rei e centro de todos
os corações, tende piedade de nós!

Coração de Jesus, no qual estão todos os
tesouros da sabedoria e ciência,
tende piedade de nós!

Coração de Jesus,
no qual habita toda a plenitude
da divindade, tende piedade de nós!

Coração de Jesus, no qual o Pai põe todas
as suas complacências, tende piedade de nós!

Coração de Jesus, de cuja plenitude todos
nós participamos, tende piedade de nós!

Coração de Jesus,
desejado desde toda a eternidade,
tende piedade de nós!

Coração de Jesus,
paciente e de muita misericórdia,
tende piedade de nós!

Coração de Jesus,
rico para todos que vos invocam,
tende piedade de nós!

Coração de Jesus, fonte de vida e santidade,
tende piedade de nós!

Coração de Jesus,
propiciação por nossos pecados,
tende piedade de nós!

Coração de Jesus, saturado de opróbrios,
tende piedade de nós!

Coração de Jesus, esmagado de dor por causa dos nossos pecados, tende piedade de nós!

Coração de Jesus, feito obediente até a morte, tende piedade de nós!

Coração de Jesus, atravessado pela lança, tende piedade de nós!

Coração de Jesus, fonte de toda a consolação, tende piedade de nós!

Coração de Jesus, nossa vida e ressurreição, tende piedade de nós!

Coração de Jesus, nossa paz e reconciliação, tende piedade de nós!

Coração de Jesus, vítima dos pecadores, tende piedade de nós!

Coração de Jesus,
salvação dos que em vós esperam,
tende piedade de nós!

Coração de Jesus,
esperança dos que morrem em vós,
tende piedade de nós!

Coração de Jesus, delícias de todos os santos, tende piedade de nós!

Cordeiro de Deus,
que tirais os pecados do mundo,
perdoai-nos, Senhor!

Cordeiro de Deus,
que tirais os pecados do mundo,
ouvi-nos Senhor!

Cordeiro de Deus,
que tirais os pecados do mundo,
tende piedade de nós!

Oremos

Deus Onipotente e Eterno, olhai o Coração do vosso diletíssimo Filho e os louvores e reparações que ele vos apresenta em nome dos pecadores; e aos que vos implorarem misericórdia, concedei benigno o perdão, em nome do vosso Filho Jesus Cristo, que convosco vive e reina para sempre, na unidade do Espírito Santo. Amém.

Rua Dona Inácia Uchoa, 62
04110-020 – São Paulo – SP (Brasil)
Tel.: (11) 2125-3500
paulinas.com.br – editora@paulinas.com.br
Telemarketing e SAC: 0800-7010081